◆印は不明確な年号、ころの意味です。

西暦	日本の動き	アジア・アフリカ
600	飛鳥・白鳳・天平文化　律令体制（大化の改新）	613　ムハンマド、アラビアで布教開始 618　唐成立　李淵（高祖）即位 622　ムハンマド聖遷 627　玄奘、インドへ 661　西アジアにウマ（イヤ朝成立） 676　新羅、朝鮮半島（統一） 755　唐＝安史の乱（—763） 762　李白死　770　杜甫死
800	奈良・平安時代	800◆サラセン帝国＝アッバース朝全盛 875　唐＝黄巣の乱（—884）唐衰退 907　唐滅亡　五代十国時代はじまる 918　朝鮮に高麗王朝成立 960　趙匡胤（太祖）宋を建国　979 中国の統一完成 ◆　宋＝火薬、羅針盤、活字印刷が発明される
1000	摂関政治　国風文化が発達　武士のおこり	1067　宋＝神宗即位 1069　宋＝王安石、新法（改革）をはじめる（1076引退） 1099　エルサレム帝国成立 1127　北宋滅亡　江南に南宋おこる
1200	院政　鎌倉時代　新しい仏教が成立	1206　モンゴル帝国成立　チンギス・ハン全モンゴル統一 1260　フビライ（世祖）即位　1271 国号を元とする 1274　マルコ・ポーロ、フビライに会見　元につかえる 　　　フビライ、日本へ遠征（元寇） 1279　南宋滅亡 1368　朱元璋即位、明を建国　1382 中国全土統一 1370　チムール帝国成立 1392　高麗滅亡　李成桂即位して李氏朝鮮を建てる
1400		

目　次

ムハンマド	文・浜　祥子 絵・岩本暁顕	……… 6
チンギス・ハン	文・有吉忠行 絵・岩本暁顕	……… 20
マルコ・ポーロ	文・有吉忠行 絵・岩本暁顕	……… 34

玄奘	文 加藤貞治　絵 岩本暁顕	………… 48
李白と杜甫	文 加藤貞治　絵 岩本暁顕	………… 50
楊貴妃	文 加藤貞治　絵 岩本暁顕	………… 52
王安石	文 加藤貞治　絵 小林征夫	………… 54
フビライ	文 有吉忠行　絵 岩本暁顕	………… 56
ダンテ	文 加藤貞治　絵 小林征夫	………… 58
李成桂	文 有吉忠行　絵 岩本暁顕	………… 60
読書の手びき	文 子ども文化研究所	………… 62

せかい伝記図書館 3

ムハンマド
チンギス・ハン
マルコ・ポーロ

いずみ書房

ムハンマド

(570／571—632)

アラーの神のまえには、すべての人は平等であるというイスラム教を開いた人。

●砂ばくの子

6世紀の末、アラビアの西岸に近い町メッカは、たいへんなにぎわいをみせていました。

東ローマとペルシアとの戦争がはげしくなって、ほかの交通路がとだえたために、紅海に沿った陸上の道が、貿易路としていっぺんに活気をおびてきたのです。

イエメンに陸上げされる東洋の物産は、メッカを通って北のシリアに運ばれ、そこからさらにイタリア、スペインへと荷積みされていきました。

メッカのアラビア人たちは、それまでの遊牧生活をうちすてて、貿易のなかつぎをしたり、商品の運び人になったり、だれもかれもが金もうけにむちゅうでした。

ラクダの背に荷物を山ほど積みあげ、男たちは、くる日もくる日も、イエメンからメッカへ、メッカからシリ

アヘと、砂ばくの中の旅をくりかえしていたのです。
　はてしなく広がる砂の平原。地表のものすべてを焼き尽くすかのごとく照りつける太陽。木もなく草もない燃えるような熱気の中を、あえぎながら黙もくと歩きつづける人間とラクダの列。
　アラビアの人が生きていくというのは、こうしたきびしい自然と闘うことでした。
　イスラム教をひらいたムハンマドは、このアラビアの砂ばくの町メッカに生まれました。
　まだ、ムハンマドが母の胎内にいるとき、父はシリアから帰るとちゅう砂ばくで倒れ、ムハンマドは父のない

子として生まれました。母や祖父にも、はやく死に別れ、みなし子になったムハンマドを育ててくれたのは、おじのアブー・ターリブです。やがて、おじの隊商に加わり、アラビアの砂ばくを北へ南へと歩くうちに、ムハンマドは屈強な若者に成長していました。

● さまざまな神

当時のアラビア人は、たくさんの部族にわかれており、部族間の争いがたえませんでした。そして、部族ごとにそれぞれの守り神をおがんでいたのです。それは、石ころや木の枝であったり、ヘビや象の形をまねたものであったり、さまざまなすがたをした神でした。それらの大半が、メッカのカーバ神殿にまつられていたので、神殿のまわりは、おまいりする人でいつもごったがえしていました。

そのにぎわいの中にいると、きまってムハンマドをおそってくる、ひとつの疑問がありました。
「このヘビの形をしたものが、ほんとうに神なんだろうか。こんなものをいっしょうけんめいおがむことに、意味があるのだろうか……」

いままで、ムハンマドは旅先でいろんな人に出会い、ユダヤ教やキリスト教のことは聞いていました。その人

たちは「ただ一人」の神に祈っていました。
「象が神だろうか。木の枝や石ころが、人間を救ってくれるのだろうか」
ムハンマドの疑問は深まるばかりです。

● 人間のしあわせ

ムハンマドは誠実さをかわれ、大金持ちのハディージャに、隊商をまかされます。
ハディージャは夫を亡くし、女手ひとつでしたので、働き者のムハンマドを、しだいに頼りにするようになりました。貧しいムハンマドが、女主人から大事にされ、

やがてふたりが結婚すると、まわりの者はたいへんムハンマドを、うらやましがりました。

ムハンマドは、しあわせでした。やさしいハディージャとの生活で、初めて家庭のあたたかさを知ったのです。

いっぺんに財産家になったムハンマドは、救済組合を作って、困っている人たちの手助けを始めました。そのころのメッカは、商業の町としてたいへん栄えてはいましたが、利益を得ていたのは、わずかな大商人に限られていたのです。ほとんどの人は貧しく、生きていくためには、生まれた子を殺すならわしさえありました。

「人間のしあわせとは何だろう。決して、お金や品物がたくさんあることではない。富や財産は、生活を楽にはしてくれる。しかし、それだけで人間の心は満たされるだろうか。本当にしあわせだろうか」

貿易で成功をおさめ、財産家になった仲間の大商人が、ますます金もうけのために、血まなこになっているすがたを見ていると、その男たちが、とてもあわれに思えてきました。

ムハンマドは、考えこむ日がおおくなりました。一日じゅう近くの岩山を歩きまわり、人と話すこともだんだん少なくなっていきました。静かなほら穴を見つけると、食事も断って、そこにこもりっきりになりました。

そして、ある日、不思議なできごとがおこったのです。

● アラーのお告げ

「ムハンマドよ、目をさませ。おまえは、アラーより使わされたものだ」
　ほら穴の中でうとうとしていたムハンマドは、はっとして、自分の耳を疑いました。
　アラーというのは、アラビア語で神という意味です。
　何日も何日も神のことを思いながら、たったひとりで暗いほら穴に座っていたのですから、夢かと思ったのも無理はありません。

しかし、夢ではなかったのです。声の方をふりあおぐと、天使のすがたがありました。
「アラーのほかに神はいない。アラーを信じ、アラーの教えにしたがえば、本当のしあわせが得られるのじゃ。山をおりて、人びとに伝えるがよい。それが、アラーからおまえに与えられた使命なのだ」
　ムハンマドのからだは、ふるえました。そして、気がくるったように、ほら穴からとび出すと、息せき切って山をかけおりていきました。
　このとき、ムハンマドは40歳でした。
　アラーのお告げは、それからもたびたびムハンマドにくだりました。そのたびムハンマドは、自分の心を落ちつかせるために、ハディージャにいっさいを話しました。
「あなたは、アラーに選ばれたお方なのです。もう、お仕事はなさらず、神の使者としておはたらきください」
　ハディージャは、ムハンマドの最初の弟子になりました。やがてムハンマドは、メッカの町かどに立って、アラーの教えを広めるようになりました。
「アラーの神のまえには、すべての人は平等である。この世ではさまざまな階級や貧富にわかれているけれども、死んでしまってからは、アラーの公平な審判によって、悪ものは地獄になげいれられ、よきものは天国にみちび

かれる」

　この教えは、そののち、イスラム教とよばれ、おおくの障害を乗りこえながら全アラビアに広がっていきます。イスラム教によって、アラビア半島は初めて国家として統一されたのです。イスラム帝国の勢いは、アジア、アフリカ、ヨーロッパにまでおよび、史上空前のサラセン帝国へと発展していきます。

　ムハンマドが受けた数かずの神の教えは、ムハンマドの死後弟子たちによって、1冊にまとめられました。

　それは『コーラン』とよばれ、イスラム教の信仰の中心になっています。

現在、全世界に、およそ5億人のイスラム教徒がいます。これらの人たちは、毎日きまった時間に『コーラン』を読み上げ、サウジアラビアのメッカにむかって、礼拝をくりかえしています。

●メッカをのがれて

　さて、話を当時のメッカにもどしましょう。
　ムハンマドの教えに従う者がふえるにつれて、メッカの支配者たちはあわてだしました。
「神は、ただひとりだなどといって、人の心をまどわし祖先の宗教を見すてた恥知らずめ」
　619年に、ハディージャとおじのアブー・ターリブが相ついで死に、ムハンマドが完全に孤立すると、迫害は頂点に達しました。ムハンマドの属しているクライシュ族が、ムハンマドを村八分にしてしまったのです。
　そのころのアラビアで、部族にみはなされるということは、危険な砂ばくに、たったひとり放り出されるようなものです。つねに命の危険がつきまといました。
「クライシュ族は、あなたを殺すつもりです。どうか、わたしたちの町にいらしてください。ここにも、あなたの教えに従いたいと思っている者が、たくさんいます」
　300キロほど北にある町ヤスリブの信徒から、なんど

も秘密のさそいがかかりました。

　ムハンマドは、クライシュ族に気づかれぬよう、70人の信徒を何人かにわけて、先に行かせました。

　最後にムハンマドがメッカを離れようとしたとき、秘密の計画がもれて、ヤスリブに通じる道は、剣を持ったクライシュ族に、すべてふさがれてしまったのです。

　ムハンマドは、相手の裏をかき、いったん、逆方向の南へと進み、相手があきらめてメッカにもどったころを見はからって、ヤスリブに向かいました。とちゅうで、ほら穴にかくれているとき、入り口をのぞきこまれ、もはやこれまでというときもありました。

こうして、ムハンマドが無事ヤスリブにたどり着いたのは、622年7月16日のことです。イスラム教徒はこの年を、イスラム暦の紀元元年としています。

● 預言者の町

　ヤスリブは、オアシスの町です。メッカとちがって、ここは緑が茂り、人びとはナツメヤシの栽培などで暮らしています。移住者は、その人たちの農作業を手伝い、生活の援助を受けることになりました。この町のアラビア人のほとんどが、ムハンマドを中心に結束を始めたのです。

　ヤスリブは、いつしかメディナ（預言者の町）とよばれるようになりました。

　メディナには、アラビア人のほかに、ユダヤ人の3部族が住んでいました。ムハンマドは、その人たちに期待をかけていました。アラーの教えは、メッカでは受け入れられませんでしたが、ただ一人の神を信仰するユダヤ教徒なら、きっと理解してくれるだろうと思っていたのです。そして、仲良くするために、ユダヤ教の習慣を、いくつかイスラム教にとり入れました。礼拝の方向をエルサレムにしたのもそのひとつです。

　ところが、ユダヤ教徒は、ムハンマドを預言者として

認めませんでした。そればかりではなく、移住者の援助を拒否し、ほかのアラビア人たちにも、援助をやめるよう、そそのかしはじめたのです。

期待をうらぎられたムハンマドは、礼拝の方向を、エルサレムから、メッカのカーバ神殿に変えました。カーバは、なんといってもアラビア人のふるさとだからです。

イスラム教徒の生活をどうするか。ムハンマドを認めず、日ましに反抗的になってきているユダヤ教徒をどうするか……。

ムハンマドは、隊商をおそうことをはじめました。

これはたいへん悪いことに思えます。しかし、うばう

かうばわれるかが、砂ばくで生き残れるかどうかのわかれめなのです。遊牧民は、略奪をとうぜんと考えていましたが、特別なことがないかぎり、相手を殺すことはありません。
「メッカの隊商をねらえば、メッカの勢力をくずすことができる。まさに一石二鳥だ」
　隊商への襲撃をきっかけにして、イスラム教徒とメッカとの争いは激しさをまし、大きな戦いが何度かくりかえされました。
　そのころになると、ユダヤ教徒があからさまに敵意をむき出しにしてきたので、ムハンマドは３つのユダヤ人部族をメディナから追放しました。

● **イスラム教の勝利**

　勝利するごとに、イスラム教徒はふえつづけ、300人、900人、1000人、1500人と兵力もましていきました。
「これは聖なる戦いだ。アラーへの目を開かせるのだ」
　メッカに対して自信をもったムハンマドは、630年、１万人の信徒をひきいて、メッカに攻め入りました。
　たびかさなる敗戦で疲れはてていたメッカのクライシュ族は、もう、抵抗する元気もありませんでした。
　ムハンマドは、カーバ神殿にのりこむと、そこにまつ

られているたくさんの神の偶像を、かたっぱしからこわして、さけびました。

「いまこそ、うそはあばかれた。神はただひとつ、アラーのみ。この神殿は、アラビア人の祖先アブラハムの子イシメイルのお堂だ。ここにまつられるべき神は、アラーをおいてほかにない！」

ムハンマドの目になみだがひかりました。

いままでの長い戦いは、この日のためにあったのです。

アラーにむかって、アラビアの民が心をひとつにしてくれることこそ、ムハンマドの願いであり、アラーの願いだったのです。

チンギス・ハン

（1162ころ―1227）

部族を統一し、アジアから南ロシアにまでおよぶモンゴル大帝国をつくりあげた皇帝。

● だまされて殺された父親

　アジアとヨーロッパがつながっている大陸を、ユーラシア大陸とよびます。世界最大の大陸です。

　いまからおよそ800年まえに、この広大なユーラシアにモンゴル帝国をうちたてたチンギス・ハンは、1162年ころ、外モンゴル（いまのモンゴル国）を流れるオノン川のほとりで生まれました。名まえは、テムジンといいました。

　モンゴル部族は、血のつながったものどうしが集まった、たくさんの氏族にわかれ、ひとつひとつの氏族は馬や牛や羊などを放し飼いしながら、牧草のある所をさがして移りすみ、草原にパオとよばれるテントのような家を並べて生活していました。

　テムジンの父親は、そのひとつの氏族の指導者でした。

ほかの部族との戦いでいつもてがらをたて、氏族じゅうで、たいへん尊敬されていました。

 ところが、この父は、テムジンが少年のときに、となりのタタール部族にだまされ、毒殺されてしまいました。そしてこのときから、テムジンの苦しい戦いが始まりました。

「指導者がいなくなった氏族はきけんだ。ほかの部族に、いつ、おそわれるかもしれない」

 おおくの人たちはパオをたたんで強い指導者のいるところへ行ってしまいました。そして、残されたテムジンの家ぞくは、母親と7人の子どもだけで、力をあわせて

生きぬくよりしかたがありませんでした。
「みんなの心をひとつにして、がんばるのですよ」
　母は、昼は木の実や草の根などの食べものを集めてまわり、夜は、モンゴルの英雄たちのものがたりを聞かせて、子どもたちを、いっしょうけんめいに育てました。
　子どもたちは、母のふかい愛情で日に日にりっぱになっていきました。なかでも、きらきらと輝くするどい目をしたテムジンは、どの兄弟よりも意志が強く乗馬も弓もすぐれた、たくましい若者になりました。
　ある年の春のこと。
「いまのうちに、テムジンを殺してしまえ」
　父が死んだときテムジンたちを見すてて立ち去ったタイチウトの一族が、やがてふくしゅうされるのをおそれて、母親と子どもだけのパオをおそってきました。
「あとのことは心配せず、おまえは山にかくれなさい」
　母の命令で、テムジンは馬で逃げました。そして9日のあいだ山にひそんでいました。しかし、空腹にたえられず山をおりてきたところを、待ちかまえていた敵につかまってしまいました。
　でも、あきらめてしまうようなテムジンではありません。夜、敵の見張りをうちたおし、なんども危ないめにあいながら、家ぞくが待つパオへ帰りつきました。

●妻をうばった敵をほろぼす

やがて、テムジンは、よその村からボルテという名の美しいむすめをむかえて結婚しました。また、むかし父としたしかった人びとをたずねて仲よくなり、少しずつ、氏族の力をもり返していきました。

ところが、テムジンの力がまだまだ弱いのにつけこんで、こんどはメルキト部族におそわれ、妻をうばわれてしまいました。

「どんなことをしてでも、ボルテをたすけてみせるぞ」

テムジンは、大きな勢力をもつケレイト部族のオン・

ハンと、子どものときに義兄弟の約束をむすんでいたジャジラト部族のジャムハに応援をたのみました。

　オン・ハンもジャムハも、快くひき受け、テムジンのパオのまわりには、たちまち数万の大軍が集まりました。
「みんながたすけてくれるのは、父がえらかったからだ」
　テムジンは、心のなかで父親を誇りに思いながら、草原に馬のひづめの音をとどろかせてメルキト部族に攻めかかり、あっというまにボルテをうばい返しました。

　戦いは大勝利に終わり、まだ若いのにオン・ハンを味方につけてメルキト部族をうちやぶったテムジンの名は、またたくまに、モンゴルの草原に広まりました。
「テムジンは、きっとモンゴル一の王になるぞ」
　しかし、いくつもの部族が、勢力をのばすためににらみあっているモンゴルには、戦いのない平和はのぞめませんでした。それどころか、まもなく、生涯仲よくすることをちかいあっていたジャムハと、戦うことになってしまいました。

　ある日、たくさんの馬が、賊にぬすまれました。草原をかけまわるモンゴル部族には、馬はなによりもたいせつなものです。テムジンのけらいたちは賊を追いかけ、賊がジャムハの弟とは知らずに殺してしまいました。弟をかわいがっていたジャムハは怒りました。そして、

テムジンがわけを伝える使いを送るひまもなく、兵を集めて攻めてきたのです。
「あんなに仲がよかった友だちと戦うなんて……」
テムジンは、ひにくな運命を悲しみながら、ありったけの兵で立ちむかいました。

しかし、テムジンは負けてしまいました。このときジャムハは、とらえたテムジンのけらいを、かたはしから大きな湯がまに投げこんで殺したということです。

ところが、戦いが終わると、ジャムハの大ぜいのけらいが、自分たちの王のむごたらしさをきらって、テムジンのもとに集まり、戦いには負けても、テムジンの力は

かえって強いものになりました。

●大草原の王となる

「わたしの命をねらうものは討たねばならない」

力がついたテムジンは、こんどは自分のほうから立ちあがり、オン・ハンとともに、まず、20年まえに父親を殺したタタール部族を討ち、つづいて、少年のときに自分を殺そうとしたタイチウトの一族もほろぼしてしまいました。父が毒殺されたときのくやしさも、9日間も山にかくれて母に心配をかけたときのくやしさも、テムジンは忘れたことがなかったのです。

むかしからの敵をつぎつぎにほろぼしたテムジンは、オン・ハンにも負けないほどの大指導者になりました。

ところが、まもなくジャムハの悪だくみで、そのオン・ハンと戦うことになってしまいました。

「テムジンは、モンゴル王の位をねらう腹黒い男です。仲よくみせかけて、いつ攻めてくるかわかりませんよ」

テムジンをにくむジャムハが、こんなつげ口をして、オン・ハンをそそのかしてしまったからです。

苦しい戦いが始まり、山のふもとに追われたテムジンは、どろ水をのんで生きのびました。しかし、ある夜、ゆだんをしたオン・ハンが酒もりをしているところをおそい、

大勝利をおさめました。オン・ハンは命からがら砂ばくへ逃げました。でも、ほかの部族に殺されてしまいました。
「オン・ハンは、ほんとうはわたしの恩人だったのに」
　テムジンは、戦いには勝っても、オン・ハンの死を悲しみ、悪だくみをしたジャムハをにくみました。そしてジャムハが、こんどは西のナウマン部族をけしかけて、テムジンをほろぼそうとしているのを知ると、怒りにもえて兵を西へむけました。
「テムジンの兵はわずかです。すぐ逃げだしますよ」
　ジャムハのこんなことばを信じたナウマン部族は、けわしいアルタイ山脈でまちうけていました。

オン・ハンとの戦いのあとで、テムジンの兵はほんとうに少なく、そのうえ、たいへんつかれていました。
「ひとりひとりが5か所ずつ火をたきつづけるのだ」
　テムジンは、山のふもとで、兵たちにこのように命令しました。たくさんの火をたいて、おおぜいの兵がいるように見せかけ、敵がひるんでいるあいだに、兵と馬のからだを休めさせる計略です。
　やがて、すっかり元気をとりもどしたテムジンの兵は、羊を追うオオカミのようないきおいで山をかけ登り、いっきにナウマンの兵を谷底へ追い落としてしまいました。
　ジャムハは、つぎの年に、どろぼうになって生きのびているところを、とらえられました。このときテムジンは、むかしの友情を思いだしてなみだを流しました。でも、なんども裏ぎった罪をゆるすわけにはいきません。悲しさをこらえて、死刑をいいわたしました。
「このモンゴルに、もう、わたしにそむくものはいない」
　母親と兄弟で草の根を食べていたころから、およそ30年、45歳になったテムジンはチンギス・ハンと名のり、ついにモンゴルの王になりました。13世紀が始まったばかりの1206年のことです。
「モンゴルを、ひとつにまとめて強い国にするのだ」

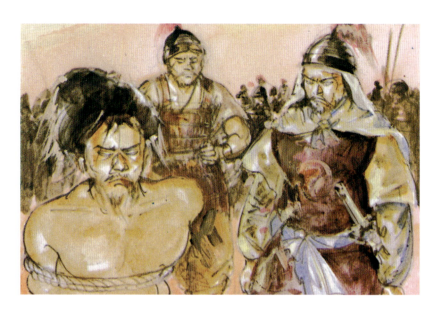

　王位についたチンギス・ハンは、モンゴルじゅうの氏族をひとつにして百戸、千戸、万戸の部隊にわけ、軍隊を中心にした、規律のきびしい国家を作りあげました。

● 万里の長城を越えて金の国へ

　モンゴルに敵がいなくなったチンギス・ハンは、こんどは、南の国ぐにの征服を考えました。
　戦をしながら、草原をさまよい歩くだけの貧しい生活をつづけてきた、モンゴルの人びとは、めずらしいものや、ほしいものは、戦いに勝ってうばい取ればよいと思っていました。すぐれた才能をもつチンギス・ハンも、

やはり、そう思っていました。だから、大草原に敵がいなくなると、野性の動物がえものをねらうように、モンゴルのそとの、ゆたかな国に目をつけたのです。

チンギス・ハンは、数えきれないほどの大軍で、まず1207年に西夏の国をうちやぶると、そのよく年から万里の長城を越えて金の国（いまの中国の北部）に攻めこみ、1215年に国のみやこを占領しました。

この金との戦いで、チンギス・ハンの軍隊は、占領した町や村の建物や美術品を焼きはらい、田や畑もふみにじってしまいました。自分たちの文化をもたないばかりか、農業さえもしたことのないモンゴルの兵たちには、そこに住む人びとが残したものや、汗を流してつくりあげたもののたいせつさが、理解できなかったからです。

チンギス・ハンが、モンゴル部族のやばんさに気がついたのは、戦いが終わってからのことでした。

「軍隊の力だけで国を征服しても、負けた国の人びとは、けっして心からいうことはききません。国をおさめる人は強いだけではだめです。すべての人のしあわせを考えなければ、よい政治はできません」

ある日、みやこの焼けあとでひとりの若者に、このように教えられて、チンギス・ハンは目をさましました。この男は、名まえを耶律楚材という、金国の役人でした。

高い学問を身につけた耶律楚材は、このときからチンギス・ハンにつかえて、モンゴルの正しい政治のために力をつくすようになりました。

「国民から、土地や財産を取りあげてはならない」

やがてチンギス・ハンは、このような法律を作り、金国の政治を部下にまかせてモンゴルへ帰りました。

●いかりくるったモンゴルのオオカミ

「戦はしないで、平和な貿易を盛んにしよう」

1219年に、チンギス・ハンは、金、銀、きぬ、毛皮などを持たせた450人の商人を、ユーラシア大陸の西

のほうにあったホラズムという国に送りました。

　ところが、ホラズムの役人は、商人たちを殺して金や銀をうばい取ってしまいました。

　チンギス・ハンはおこりました。でも、戦をしかけるのをがまんして、ホラズムの王へ３人の使いをだしました。するとこんどは、ひとりは殺され、ふたりは頭をまるぼうずにされて追いかえされてきました。

「わたしの正しい考えをふみにじった。もう、がまんできない。ホラズム王を殺してしまえ」

　チンギス・ハンは、草原をうめつくす大軍をひきい、氷河をわたり山を越えてホラズムへ攻めこみました。そして、高い石がきの城をうちやぶり、町や村に火をつけ、王をカスピ海の小さな島に追いはらって、ホラズムの国をほろぼしてしまいました。

　ホラズム軍をインダス川に追いつめたときのこと。死にものぐるいで戦いつづけた敵の王子が、馬にまたがったまま、がけから川にとびこみました。すると、これを見ていたチンギス・ハンは、味方に弓をいるのをやめさせて、王子のいさましさをほめたたえたということです。

　いきおいにのったチンギス・ハンの軍隊は、このあと、東ヨーロッパや南ロシアをあらしまわって、1225年にモンゴルへ帰ってきました。そして、やすむまもなく、

ホラズムとの戦いに協力しなかった西夏を討つために、またも兵をだしました。

　ところが、この西夏との戦いの最中に、チンギス・ハンは病にたおれ、60数年の生涯をとじてしまいました。そして、なきがらは、ふるさとの草原に運ばれて、1本の大きな木の下にほうむられました。しかしいまは、その墓がどこにあるのか、だれにもわかりません。

　チンギス・ハンのあとをついだモンゴルの英雄たちは、それからも国を広げ、孫のフビライは、元という大きな国をうちたてました。元の大軍が日本に攻めてきたのは、このフビライの時代のことです。

マルコ・ポーロ

(1254—1324)

知らない国への旅を25年間もつづけ『東方見聞録』を世界に残したイタリアの商人。

● 東へむかった17歳の少年

　モンゴル帝国をきずいたチンギス・ハンが亡くなって、およそ40年のちの1269年のことです。

　イタリア北部の水のみやこベネチアに住む、15歳の少年が、生まれて初めて、父親と手をとりあいました。少年はマルコ・ポーロといいます。前の年に母親を失い、ひとりぼっちで、父親の帰りを待っていました。

　まだマルコが、母親のおなかの中にいるころ、父のニコロ・ポーロはその兄といっしょに、船で商売の旅にでました。ところが、着いた国ぐにで戦争が起こったためもどれなくなり、ふたりは東へ旅をつづけ、元の国（いまの中国）へ行きました。そのころの元は、チンギス・ハンの孫のフビライ・ハンが国をおさめていました。

　フビライ・ハンは、国じゅうにキリスト教を広めたい

と考えていました。そこで、元の国ですごしていたニコロと兄のマテオに、ヨーロッパからキリスト教の学者を100人つれてくることと、エルサレムのキリストの墓にともされているランプの聖油を、少しもらってくることをたのみました。使命をうけたニコロとマテオは、15年ぶりにベネチアに帰ってきました。

　マルコが、母に聞かされて夢にまで見ていた父に会えたのは、このときです。

　マルコは、さみしかった日のことは忘れて、父が語る遠い国のめずらしい話に、目を輝かせました。

「ぼくも、海のむこうの知らない国へ行ってみたい」

こう思うと、マルコはもうたまらなくなり、元へもどるじゅんびをしている父に、自分もつれて行ってくれるようにたのみました。
　それから2年ののち。
　白い帆を風にふくらませてベネチアの港をでていく船に、胸をはった17歳の少年マルコが乗っていました。
「どんなにきけんなめにあっても、負けるものか」
　マルコは、はてしなく広がる海と空に、勇気をもって旅をつづけることをちかいました。
　マルコ、ニコロ、マテオの3人は、まず地中海の東がわにあるエルサレムとアクレの町へ行き、フビライ・ハンにたのまれた聖油と、キリスト教の学者をあつめました。でも、見知らぬ国へ行くことをしょうちした学者は、わずかに二人だけでした。ところが、この二人も、アクレを出発してまもなく、近くの国で戦争が起こったのを知ると、きけんを感じて逃げてしまいました。
「学者はいなくなったが聖油がある。それに教皇からフビライ・ハンへの、たいせつなてがみもあずかっている」
　3人は、元の国にキリスト教を広めるためのローマ教皇の使いのやくめにもなって、そのまま東へむかいました。1270年、こうしてマルコ・ポーロの東の国への長い長い旅が始まりました。

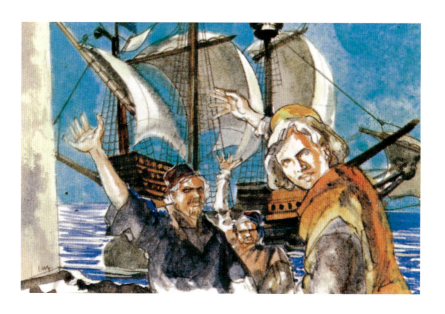

●けわしい山や砂ばくを越えて

　地の底からあふれでている、まっ黒な石油の泉。まるで雪をかぶっているような、塩でできた白い山。

　見るものも聞くものも、ふしぎなことばかりのマルコは、さまざまなことを、しっかりと頭のなかにつめこみながら旅をつづけました。

　しかし、楽しいことや、めずらしいことばかりではありませんでした。ほかの商人たちと隊を組んで東ペルシアの広い草原にさしかかったとき、武器をふりかざした大ぜいのどろぼうに、おそわれたこともありました。こ

のとき、近くの村へ逃げこんで命びろいをしたのは、マルコたちと数人の商人だけでした。とらえられた商人は、殺されたり、どれいに売られたりしたということを、あとになって聞き、マルコは、おそろしさにからだをふるわせました。

　高さ5000メートル以上の山がつらなり、世界の屋根とよばれるパミール高原を馬で12日間かかって越えたときは、寒さにふるえました。高い山の上は空気がうすく、火をたいても、よくもえません。
「見わたすかぎりの山には、1羽の鳥も飛んでいない」
　マルコは、地球の上とは思えないようなさみしいけしきに、思わずぞっとしたこともありました。
　けわしい山のあとには、こんどは気が遠くなるほど広いゴビ砂ばくがまっていました。
　マルコたちは、ラクダに乗り、水のあるオアシスをさがしもとめながら、草ひとつない砂と岩のなかを進みつづけました。
　昼は暑くて動けません。進むのは夜です。砂ばくには、おそろしい話がいっぱい伝えられています。
「もしも、みんなからはぐれたら、もうさいごだ。やみのなかから聞こえてくる悪魔の声にさそわれて道にまよい、二度と、砂ばくからでられなくなってしまう」

　マルコは、こわいことなんかあるものか、と自分自身にいい聞かせていました。でも、目をこらせば暗やみの奥にまぼろしが見え、耳をすませばかわいた砂が何かをささやいているようで、きみが悪くてしかたがありませんでした。

　30日かかってゴビ砂ばくの南部を越えたマルコたちは、やっと、元の入り口にまできました。そして、さらにそれから1年ののちに、フビライ・ハンの宮殿にたどりつきました。

　マルコは、旅のとちゅう、2度も病気でたおれました。でも、ニコロとマテオにはげまされ、苦しさとたたかっ

て、3年半もの大旅行をなしとげたのです。ベネチアをでたとき17歳の少年だったマルコは、もう21歳のたくましい青年になっていました。

●フビライ・ハンにつかえて17年

「勇気のある、すばらしい若ものだ」

マルコは、フビライ・ハンにすっかり気にいられ、王の使者として各地へ行くようになりました。また、くらいの高い役人にとりたてられ、元の国の政治にも力をつくしました。

金、銀、大理石がひかり輝く、大きな宮殿。いつでも3万頭以上の馬を国じゅうの道に用意して、駅を作り、王の使者や役人が、つぎつぎに元気な馬に乗りかえて早く走れるようにした駅伝の制度。月や星をながめて天候をよそうし、世のなかのできごとをうらなう、5000人もの天文家たち。木に文字をほって紙にうつす印刷の技術。クワの木の皮から作ったお金。まるで木のようにもえる黒い石（石炭）。

「ベネチアでは見たことのないものばかりだ」

マルコは、政治や科学が発達している元の国のようすに目を見はり、知らない国でたくさんのことを学べるしあわせを、心から神にかんしゃしました。そして、モン

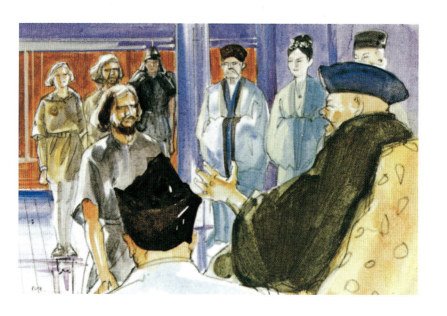

ゴル語やペルシア語などいくつものことばをおぼえて、遠いチベットやビルマへも旅をしました。
「南のほうの国には、殺したけものの肉をなまでたべる原住民がいます。だれもが、ぜんぶの歯に金のうすい板をかぶせ、きみ悪く光らせている部族や、病気は悪魔のしわざだと信じこんでいる種族もいます。ぬすみや人殺しを、ひとつも悪いことだと考えない人たちもいます」
　旅からもどったマルコは、いつも、こんなめずらしい報告をして、フビライ・ハンをよろこばせました。けらいのなかで、マルコほど、よその国のことをしっかりと見てくるものは、ほかにはいませんでした。

こうしてマルコは役人としてフビライ・ハンにつかえ、ニコロとマテオは商人としてはたらいているうちに、いつのまにか17年がすぎました。やがて3人は、ベネチアへ帰りたいと思うようになりました。
「年老いたフビライ・ハンは、ひょっとすると、明日にでも死ぬかもしれない。もしフビライが死んだら、国のうちも外も乱れて戦争が起こり、帰れなくなってしまう」
　ある日、3人は、フビライ・ハンに、ベネチアへ帰してくれるようにたのみました。でも、3人とわかれたくないフビライ・ハンは、どうしても、そのたのみを聞き入れようとしませんでした。
　ところが、ちょうどそのころ、元の国からペルシアのイル・ハンの国へ17歳の姫を送りとどけることになり、3人は、その道あんない役として、やっと帰国がゆるされました。しかし、姫を送りとどけて1度ベネチアへ帰ったら、ふたたび元へもどってくるように命じられ、3人は、命令にしたがうことを約束して、フビライ・ハンにわかれをつげました。

● 海を渡り25年ぶりにふるさとへ

　3人は、姫とともに、船室が60もある大きな船に乗りこみ、13せきの船に守られながら、南の海をペルシ

アへむかいました。
「こんどは、海と島の旅だ」
　予言者から、もう病気はなおらないと告げられた病人は口と鼻をふさいで殺し、その肉を料理してしんせきじゅうでたべてしまう人くい人種。罪をおかした夫が死ぬと、妻も、夫のからだを焼く火のなかにとびこんで死ぬインドの女。人をおそう大きな魚に魔法をかけ、そのすきに海にもぐる真珠とり。するどい爪で象を空高くもちあげ、地上に落としてこなごなになった肉をたべるという、マダガスカル島の怪鳥の伝説。
「世界には、なんて、ふしぎなことがおおいのだろう」

マルコたちは、とちゅうの島じまで、いろいろなものを見てはおどろき、話を聞いてはおどろき、まるで、ぼうけんのような船の旅をつづけました。そして、およそ2年かかって、ペルシア湾の入り口の港につきました。
　元をでるとき船に乗りこんでいた約600人の役人や兵隊と数百人の船乗りは、旅のとちゅうでつぎつぎと死に、ペルシアの土を生きてふむことができたのは、わずかに18人だけでした。病気にかかっても薬はなく、700日を越える船の旅は、そうぞうできないほど、たいへんだったのです。
　でも、マルコたちは、フビライ・ハンからあずかった姫だけはしっかりと守りとおし、ぶじにイル・ハンの国へ送りとどけました。
　そして、自分たちがベネチアの町へたどりついたのは、それからさらに2年ごの1295年でした。17歳のときにふるさとをはなれたマルコ・ポーロは、もう41歳になっていました。
　別れてきたフビライ・ハンは、3人がベネチアへつくまえの年に世を去りました。旅のとちゅうでこのことを知ったマルコたちは、17年間つかえた王の死を、心から悲しみました。
　たくさんの宝石と、めずらしい話をもって帰ったマル

コは、たちまち、ベネチアで有名になりました。しかし、それもわずかのあいだだけでした。
「あれはみんな、きっとマルコのつくり話だ」
　はじめはおもしろがって聞いていた話を、町の人びとはしだいに信用しなくなってゆきました。
　すっかり孤独になってしまったマルコは、1年ののちにはふたたび、知らない国をもとめてベネチアの港から船に乗ったのです。
　でも、この新しい夢はかなえられませんでした。
　このころ、イタリア北東の都市ベネチアと北西の都市ジェノバが戦っていたため、マルコは地中海にでたとた

んに、ジェノバの海軍にとらえられてしまったからです。

ところが、このことが、マルコ・ポーロの名を世界に残させることになりました。

●世界に残した『東方見聞録』

ジェノバの牢獄に入れられて語り始めた東の国ぐにの話は、牢の番人から監獄の長官へ、さらには、ジェノバの町じゅうにつたわりました。そして、貴族たちまで、かわるがわる話を聞きにくるようになりました。

マルコは、そのうちに、なんどもくり返して話をするのに、すっかりあきてしまいました。そこで、同じ牢に入れられていた作家に話をつづってもらい、25年間の大旅行を1冊の本にまとめあげたのです。

こうして、うす暗い地下牢のなかから旅行記『東方見聞録』を世にだしたマルコは、やがて牢をだされるとベネチアへかえって平和な家庭をきずき、もう未知の国への夢はすてて、商人としてはたらきつづけました。

しかし、年をとってからは、けっして、しあわせではありませんでした。マルコの話を信用しない人たちからいつまでたっても「ほらふきポーロ」と笑われ、そのうちには町の人からもすっかり忘れられ、1324年1月、70歳の生涯をひっそりと終えました。そして、いまマル

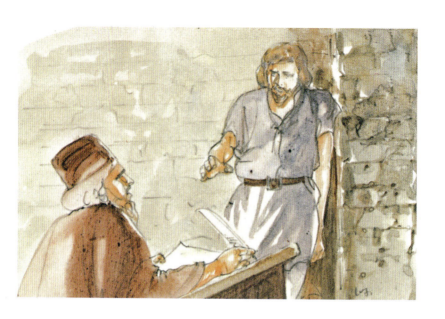

コの墓は、どこにあったのかさえ、まったくわかりません。

　でも、『東方見聞録』だけは世界に残り、これによって初めてアジアの広さや国ぐにのことが、ヨーロッパに伝えられました。また、アジアへの交通路も明らかになり、探検家や学者や商人に、すばらしい知識と夢をあたえてくれました。

「金と真珠がたくさんとれる、黄金の国ジパング」

『東方見聞録』には、日本のことが、このようにしょうかいされています。

　マルコ・ポーロがほんとうにりかいされたのは、死ご数百年たってからのことでした。

玄奘（602—664）

　仏教は、紀元前6世紀ころ、インドのシャカが開いた宗教です。中国にも伝わり、唐の時代にはたいへん盛んになりました。

　玄奘は、幼いころから仏教に親しみ、すぐれた教養を身につけていました。ところが、勉強をすすめるうちに、中国仏教の教えは、ずいぶんとあいまいに伝えられていることがわかりました。疑問を解くため、いろいろな先生のもとへ弟子入りしましたが、人づての勉強では結局、要点がはっきりしません。また中国にもたらされた、ごく少ない書物だけでは、まちがった教えと正しい教えとの区別もできず、玄奘は頭をかかえこんでしまいました。どんなに学問のあるお坊さまを訪ねても、まちがいだらけの本から得た知識をくり返し聞かされるだけです。

　玄奘は、仏教の国インドへ行かなくては、正しい理解は不可能だと考え始めました。そこでまずインドのことばを勉強して準備にかかりました。

　いよいよ決意も固まり、インド行きを皇帝に願い出ましたが、玄奘の希望にまったくとりあいません。同じ気持ちをもっていた仲間たちは次つぎにあきらめてしまいましたが、玄奘だけは、ねばり強くくじけませんでした。

　ある日、玄奘はこっそりと国を出て、ただ一人でインドへむかいました。パミールのけわしい天山山脈をこえ、中央アジアのやけつくような砂漠を行く、数千キロの道のりです。高山病になやまされ、うえとかわきに苦しみ、どろぼうにおそわれることもしばしばという苦難の旅がつづきました。玄奘がめざしたところは、仏教の都ナーランダーです。しかし、道中新しい

考えをもった僧に会えば、とどまって研究にはげみました。
　ナーランダーには、ほかの国からもたくさんの優秀な僧が集まっていました。玄奘はともに勉強にうちこみ、またインド各地をめぐって、仏の道をきわめ、りっぱなお坊さんになりました。
　すでに40歳をすぎた玄奘は、そろそろ唐に戻って、正しい経典をのちの世にのこしたいと思い始めました。したいよる弟子たちに別れを告げ、たくさんの書物や仏像をたずさえて、インドをあとにしました。十数年ぶりで中国に帰った玄奘は、人びとから大かんげいを受け、皇帝も密出国の罪をとがめないばかりか、偉大な功績をたたえ、大慈恩寺という寺院を建ててあたえました。ふるさとの玄奘は、1335巻ものお経を中国語に翻訳して、中国の仏教を大いに発展させ、『大唐西域記』という旅行記を書いて、学問の進歩を助けました。
　高僧玄奘は、三蔵法師の名で親しまれています。

李白 と 杜甫
(701—762)　　(712—770)

　中国の唐時代は、詩の黄金時代といわれます。おおくの詩人が、詩作をきそいました。なかでも、李白と杜甫は、この時代を代表する大詩人です。

　李白は、西域で生まれましたが、幼いときに商人の父につれられて、四川省にうつり住みました。5歳ころから本を読み始め、15歳でりっぱな詩を書いたといわれています。青年時代は、岷山にこもり野鳥などをあいてにのんびり暮らしていましたが、24歳のとき、さすらいの旅にでました。仙人にあこがれ、友と酒をくみかわし、詩をよみながらの気ままな旅です。

　李白が41歳のとき、玄宗皇帝に召されて宮廷詩人となり、玄宗や楊貴妃をうたったすばらしい詩をたくさん書きました。でも気ままな性格なので、まわりの役人たちにきらわれ、とうとう3年たらずで追いだされてしまいました。そのご、洛陽にいき、杜甫とめぐりあいます。李白43歳、杜甫32歳のときです。初対面の二人は、たちまち意気があい、旅をしたり、詩作をきそいあったりしました。わずかなつきあいでしたが、別れたのちも、詩を書きおくり、友情をあたためつづけました。

　晩年の李白は、政治のいさかいにまきこまれて流刑にされるなど、つらいめにあいましたが、こよなく自然を愛し、酒をのみながら、心のおもむくままに自由な詩を書きのこしました。

　「国破れて山河あり、城春にして草木深し……」という句ではじまる『春望』という有名な詩を作った杜甫は、洛陽の近くに生まれました。李白とおなじように少年のころから詩を作り、成人してからは各地を旅して歩きました。

　23歳のとき、杜甫は位の高い役人になろうとして試験をうけましたが、失敗してしまいます。そして43歳になってようやく、兵器庫の番人として、役人に採用されたのです。
　ところがちょうど、安禄山という将軍が反乱をおこし、杜甫はとらえられてしまいました。乱がおさまり、ふたたび役人にもどりましたが、正しい意見のとおらない、みだれきった政治にあいそをつかして職をなげすててしまいました。不公平な政治に苦しむ人びとのくやしさや、戦争のない平和を描くのが、自分の義務だと考えたのです。
　それからの杜甫は、たえまなくおそいかかる貧困と闘いながら、詩作に情熱をもやしつづけました。
　李白と杜甫の詩は、おもむきはちがっていましたが、どちらも唐詩の新しいかたちをうみだし、後の文学者にも大きな影響をあたえました。

楊貴妃 (719—756)

　絶世の美人が、はなやかな生活をおくり、やがて、あわれな死をとげるという悲劇は、エジプトのクレオパトラ、唐の楊貴妃に代表されます。

　すきとおるような白いはだ、しなやかな黒髪、かがやくように美しい楊貴妃の魅力は、玄宗皇帝の心をとりこにしました。楊貴妃は、はじめ玄宗の息子寿王瑁の妃でしたが、玄宗の目にとまって、皇帝の妃にむかえられました。そして玄宗に愛され、宮廷の女性としては最高の位につきました。745年、楊貴妃が26歳、玄宗60歳のときです。

　美しいだけでなく歌や踊りもじょうずでかしこい楊貴妃を玄宗は、ひとときもそばからはなさずにかわいがりました。玄宗は楊貴妃に夢中になり、楊貴妃の身うちを高い位につかせ、権力をあたえました。楊貴妃の一族で楊国忠という男は、酒のみで、ばくちうちで、教養のとぼしい人でした。この楊国忠が皇帝をたすけて、政治をとり行う宰相にまで出世してしまったので、人びとはあきれかえりました。

　玄宗は、皇帝として長いあいだりっぱな政治を行ない、文化をさかんにしてきました。しかし、楊貴妃があらわれると政治のために時間をとるのが、めんどうになってしまいました。夜おそくまで宴会をひらいて酒を飲み、ぜいたくな遊びに明けくれる毎日です。人びとは重い税金に苦しんでいるというのに、楊一族のわがままなふるまいは、とどまるところをしりません。玄宗はそのころ、政治をすべて楊国忠にまかせきってしまったので、唐の国はかたむき、宮廷はみだれきっていました。

　安禄山の反乱がおこったのは、そんなときです。安禄山はもと玄宗の家来でしたが、755年、楊国忠を討つために軍隊をひきいて、都へ攻めのぼってきたのです。玄宗は、安禄山を信用していただけに、びっくりしました。平和が長くつづいて、国の守りをおこたっていたので、武器もさびついて使いものになりません。玄宗は楊貴妃とその一族をつれて、将兵に守られ、蜀の国へのがれようとしました。長安の都から西へ50キロメートルほどの馬嵬という村まできたときです。皇帝にしたがう将兵のあいだからも楊一族に不満の声がわきあがりました。玄宗の手ではしずめることができません。楊国忠がきりころされました。そして楊貴妃も、玄宗が命ごいをしたのもむなしく、ころされてしまいました。

　玄宗はたいへん悲しみ、楊貴妃の似顔絵を、朝夕ながめ暮らしたということです。

王安石 (1021—1086)

　中国の宋の時代は、勢いのある時代でした。しかし国力をのばそうと何度も戦争をくり返したため、国の資金が不足して経済が行きづまっていました。しだいに社会全体が傾く気配を感じて、政治のたて直しを求める声が高まりました。豊かな知識を持つ人たちが、それぞれ対策を考えましたが、その中で注目された人が、王安石です。

　安石は、地方の役人でした。すぐれた能力を見こまれて、中央に招かれることもありましたが、そのつど現場での仕事を希望して断りつづけていました。ところが、新しく神宗が皇帝に即位すると、安石を顧問として中央の政界に呼び出しました。

　安石は、山ほどたまっている問題を、的確に判断し処理して行きます。予想以上のすぐれた能力を認められて、2年ごには宰相にとりたてられました。

　あるがままの社会をするどく見つめ、民衆の生活にあった政策を次つぎに実行しました。安石は、経済をたて直し、国を安定させるためには、金貸しや地主、大商人などよりも、力の弱い商人や貧農を第1に救うべきだと考えていました。地方の役人をしていたころ、人びとに、毎日接して養われた考えです。皇帝に信頼された安石は、す早い決断で思い切った新法とよばれる制度をつくりました。

　青苗法は、農民が1年のうちでもっとも苦しい時期に、国の貯蔵米や種もみを貸しつけ、収穫期にわずかな利子といっしょに返させるというものです。町の貧しい商人にも、市易法で安い利子で金を貸しました。均輸法は都と産地のあいだの流通が

なめらかにいくようにしたものです。募役法では、これまで国の仕事を人びとにむりやり押しつけていたものを、仕事のかわりに金をおさめさせ、それで人をやとって仕事をさせる方法をとりいれました。そして、労役をまぬがれていた役所や寺院の人たちにも、金をださせることをつけくわえました。

　大商人などがもうけすぎている分を国の財産とし、貧しい商人や農民の暮らしを安定させて、国をゆたかにしようとした政策です。しかし、大商人や大地主たちは大反対しました。その先頭に立ったのが司馬光や欧陽修です。安石をはげしく非難しましたが、安石はくじけませんでした。

　やがて安石は、新法をまもる人に宰相をひきつぎ、引退して江寧に帰りました。それから10年ご、神宗が亡くなり、宣仁太后が政権をひきつぐと、司馬光が宰相となって、たちまち新法をやめてしまいました。

フビライ （1215—1294）

　鎌倉時代なかごろの日本に、元の大軍が、海を越えてせめてきました。

　日本にとって外国の軍隊におそわれたのは、初めてのできごとです。北九州の海岸に石垣をきずき、武士を集めて戦いました。さいわいに吹き荒れた台風に助けられて、元軍の船をやっと追いはらいました。

　このとき中国から、日本征服をねらって元軍をさしむけたのが、フビライ・ハンです。

　フビライは、チンギス・ハンの孫として1215年に生まれ、病死した兄のモンケ・ハンのあとをついで、45歳のとき、モンゴル帝国の第5代めの皇帝になりました。しかし、皇帝にはなっても、武力で皇帝の地位をねらう一族のものたちと、生涯、あらそいつづけなければなりませんでした。

　ハン（皇帝）になったフビライは、国の名を元と定め、都を中国の北京に置きました。むかしからのモンゴル族の土地は、北部の広い草原だけでした。そこでチンギス・ハンが侵略していた、豊かな文化をもつ中国の金国を中心に、モンゴル民族の国をさらに大きなものにしていこうと考えたのです。

「家畜をつれて草原をさまよいあるくだけの生活で、農業も町づくりも知らないモンゴル人だけでは、これからの中国を支配していくことはできない」

　中国人も役人にとりたて、政治のしくみには、金国の政治のよいところを、おおくとり入れました。しかし、軍隊だけは、チンギス・ハンがモンゴル帝国をきずくときにつくりあげたか

たちを、そのまま守り、訓練にはげんで、戦いにそなえてきました。やがて、その強力な軍隊を用いて、金国の南で勢力のあった中国の南宋という王朝をうちやぶり、中国全土を征服してしまいました。いきおいにのって日本へ遠征の軍をおくったのは、このころのことです。

南宋をほろぼしてからは、国をゆたかにするため外国との貿易を盛んにしました。また、西の方の国とも手をむすんで、ヨーロッパとの交流の道を開きました。マルコ・ポーロが中国にいた17年間は、この元の国が、最も栄えていた時代でした。だからポーロは、このフビライ・ハンを、のちに旅行記のなかで「君主のなかの大君主」とたたえました。

元は、フビライが79歳で死んで74年ごの1368年にほろびました。フビライにつづくすぐれた皇帝が現われず、苦しめられていた中国人がモンゴル人の支配をくつがえしてしまったのです。

ダンテ （1265—1321）

　詩人ダンテは、ベアトリーチェという一人の女性を、心に秘めた恋人として一生愛しつづけました。

　ダンテがベアトリーチェに初めて会ったのは、9歳のときです。祭りの日にまねかれた家で、美しい少女ベアトリーチェをみたとき、天使のように気高くて、この世の人とは思えないほどの清らかさに心をうたれました。少女はダンテと同じ年ごろでした。それから9年めの春、フィレンツェを流れる川のほとりで、二人はぐうぜん出会いました。ベアトリーチェは、なつかしそうににっこりして、気品に満ちたあいさつをしました。ダンテはすっかり心をうばわれてしまいます。その喜びにペンをはしらせ、詩にうたいあげました。

　このときの詩は、のちに『新生』という詩集にまとめられました。『新生』は、ベアトリーチェにささげたソネット（14行で書かれた詩）の名編です。

　川辺で会ったとき、すでに人妻であったベアトリーチェが、病魔におそわれ、24歳の若さで死んでしまいました。出会いの喜びではじまる『新生』も、深い悲しみで終わっています。

　ベアトリーチェはまた、ダンテの代表作『神曲』にも、聖女として登場します。『神曲』は「地獄編」「煉獄編」「天国編」の3編にわかれ、100章1423行にもおよぶ長編叙事詩です。ダンテみずからが主人公となり、さまざまな苦しみにあったすえ、聖女ベアトリーチェに天国へみちびかれ、人間の幸福を知るという話です。ダンテは、これらの詩集のほかに『饗宴』という哲学書や『帝政論』という論文なども書きのこしました。

　ダンテは、1265年に中部イタリアの都フィレンツェの貴族の家に生まれました。ラテン語学校をへて、有名なボローニャ大学にすすみ、文学、芸術、科学などを学びました。とくに古代ローマの詩人ベルギリウスの詩にひかれ、自分も詩作をはじめました。ソネットをたくさん書いたのも、このころです。
　やがて、ダンテは役人になり、そのご、市の代表委員の一人にえらばれて政治の世界にはいりました。そのころのヨーロッパは、都市を中心にした小さな国がいくつもあり国の内外で勢力をあらそっていました。政治家になったよく年、ダンテは反対勢力の人たちにおとしいれられてしまい、るすのあいだの欠席裁判で、永久追放の宣告をうけました。
　フィレンツェを追われたダンテは、そのご20年近くも、イタリアの各地をさまよい歩きました。有名な『神曲』は苦しい放浪生活のなかから生まれた傑作です。

李成桂 (1335—1408)

　1392年から1910年までのおよそ500年のあいだ、朝鮮半島に李氏朝鮮とよばれた、王朝時代がありました。李成桂は、朝鮮をひとつにまとめて李王朝を開き、第1代めの王となった武将です。

　1335年に、現在の北朝鮮の永興に生まれた李成桂は、少年時代から、馬に乗ることや、弓を射ることにすぐれていました。そのため、当時朝鮮半島をおさめていた高麗王に武士としてつかえ、戦ではつぎつぎにてがらをたてました。また、朝鮮のまわりの海にあらわれ、人びとが倭寇とよんでおそれていた日本の海賊を、たびたびうちやぶり、やがて軍司令官に任命されて、国の政治にまで力をもつようになりました。

　同じころ中国では、明の国が起こり、それまで高麗王が従ってきた元は、しだいにおとろえつつありました。

　ところが、高麗王朝は、いつまでも元にしたがうことをやめません。しかも明と戦いを始めた元におうえんの軍をおくることをきめ、李成桂に兵をつれて明へ行くことを命令しました。
「これからの高麗は、明となかよくしなければいけない」
　李成桂は、元のみかたをすることに反対でした。でも、国の命令であればしかたがなく、軍をひきいて明へ出発しました。

　しかし、中国との国境まで行った李成桂は、明と戦うのがばかばかしくなり、そのままひき返して逆に高麗王の城を攻め、元に頭をさげようとする人びとを追いはらってしまいました。
「みだれている政治を改めて、国をたてなおすのだ」
　李成桂は、新しい王をたて、自分が中心になって国の政治に

とりくみ始めました。まず第1に土地の制度を改め、土地をぜんぶ国のものにして、貴族にも役人にも農民にも、国がきめた土地をわけあたえるようにしました。この制度の目的は、かってに領地を広げて勢力をふるっていた貴族たちの力を、すっかり弱めてしまうことにあったのです。

　1392年、李成桂は、ついに王位につき、400年以上もつづいた高麗にかわって新しい王朝を開きました。また、その翌年には、国号を朝鮮と定め、1396年には、国の都を開京（いまのケソン）から漢陽（ソウル）に移しました。

　李氏朝鮮国は、中国に始まった儒教を重んじ、農民をたいせつにしながら、すこしずつ栄えていきました。しかし、1408年に李成桂が死んで1世紀半をすぎたころ、外国から侵略されるようになり、国はふたたびみだれていきました。李成桂は死ご太祖とよばれ、朝鮮国建設の1ページをかざっています。

「読書の手びき」

ムハンマド

「左手にコーラン、右手に剣」といわれるほど、ムハンマドの生涯は戦いの連続でした。この世を去るまでの間に、50回以上もの戦争をしています。それらは全部イスラム教を広めるための戦いでした。つまり聖戦です。コーランには「異教徒との戦い以外では、人を殺してはいけない」と書かれていますが、たとえ布教のためとはいえ、人を殺すことは否定されるべきです。人間を救うはずの宗教なら、なおさらのことです。しかし、当時の宗教は、現在われわれが考えているようなものではなく、民族や国家の政治理念でした。布教とは、即ち無政府状態にある砂漠の民を統一してイスラム国をつくることです。そのためには、剣の力をかりないわけにはいかなかったのかも知れません。仏教、キリスト教と並び世界三大宗教の1つとなったイスラム教が、日本に広まらないのは、その激しさが、温暖多湿のおだやかな風土に生きる日本人の肌に合わないのでしょう。

チンギス・ハン

チンギス・ハンを語るときに、頭に入れておかねばならないことがあります。それは、チンギス・ハンが帝国をうちたてるまでのモンゴル草原は、いくつもの部族がたえずにらみあい、強者が弱者を力で征服する、無法の社会だったということです。このことを、しっかりと見すえておかないかぎり、チンギス・ハンは、たんなる侵略者になりさがってしまいます。他から征服されないためには、自らが征服者にならなければ、自己と部族を存続させていくことは不可能だったのです。また、モンゴル帝国は、たしかに侵略的な行為によって形成されましたが、その形成過程はどうであれ、このモンゴル帝国の成立によって、ユーラシア大陸における東西の交通の道がはじめて開かれたことは、まぎれもない歴史上の事実で